町村合併は住民自治の区域の変更である。

森　啓

地方自治土曜講座ブックレットNo. 65

はじめに

この土曜講座は本年で第六回目です。七月二十九日の本日のこの講座は一番暑い日です。八月のサマー・セミナーは天人峡温泉でやりますから本日が一番暑いワケです。この講座の二年目のときは八百七十四人を受け付けて二会場でやりました。三年目の最終回は北大教養部の講堂で寒くて寒くてガチガチふるえながらでした。そのような記憶とともに六回の土曜講座のこれまでを思い起させます。

本日の午前は白老町の見野町長のお話でした。私は北海道の町村で白老町が一番元気な町だと思います。職員の勉強会がずっと続いていて、さらには次の年令層の若い人達がグループを作るように配慮してます。今では町の問題で町民公募すると応募してきて行政に要求するだけとか不信感を抱くだけでなく、提案する状態になっています。それは住民自治が定着しつつあるということだと思います。

さて、本日のテーマは「町村合併は住民自治の区域の変更なのだ」です。合併に絶対反対というのではありません。問題は合併の押しつけです。合併の前に考えなくてはいけないことがあるではないかと申し上げたいのです。

道庁の合併促進に反発してというのではなくて、今は住民自治を高めることが先だということです。合併論議の前に考えることがある。その認識が押しつけ合併を跳ね返す力になると主張したい。

1　押しつけの町村合併

合併論議の背景

例えば首都圏のように住宅が張り付いていて、交通機関も生活圏も同一であるというようなところであれば、市役所が別々にある必要はないでしょう。しかし北海道は広大な地域です。過疎が進んでいるからと人口数で合併せよというのは北海道の特殊事情を考えないものです。

今回の「合併促進」の背景は赤字公債の濫発です。赤字財政になったので地方に廻す金を少なくしようとの発想から始まったものです。行政経費を切りつめて効率よくやってもらいたいということから始まったものです。膨大な財政赤字をつくった政権党が飴と鞭で合併させせて経費節減させようというものです。

分権推進委員の方から聞いた話しですが、勧告が一段落ついて国会内の政党を回った。自民党にはたくさんの議員がいて、「君、地方分権の勧告は一応認めるけれどもだ、市町村の合併は至上命題だぞ、いいな分かったな、合併をちゃんとやれよ」と言われた。

委員の一人が「それは分かりました。しかし私どもだけでは合併は難しい。先生方もそれぞれ選挙区で今の日本では町村合併が必要なのだということをおっしゃってくださいよ。」と言ったのだそうです。

恫喝されたそうです。「お前は政治が分かってない。俺たちが選挙区に帰って合併なんて言ってみろ。すぐ落選だ。」「お前は政治が分かっとらん」と怒られたそうです。言い返したって仕様がないから黙っていたそうです。

私はその話を聞いて「その国会議員は、選挙区の人達を裏切っているんだな」と思いました。東京では「合併しろ」と言う。地元へ帰ったら「いやあ合併は難しいだろうな」なんて言っているのでしょう。本当の政治家ならば自分の所信を選挙民に訴え、選挙民の主張が正当ならばそれを政治に反映してこそ政治家です。分権推進委員を恫喝し、二枚舌を使うのは困ると思います。

このような事情が今回の分権改革の背景にあることを見抜くべきではないでしょうか。経済界や東京暮らしをしている人は地域の将来を自身の力で作っていくという分権で一番重要な「住民自治」を理解しない。理解しないだけでなくて、住民自身によるまちづくりに何の意味があるのかと思っているのではないでしょうか。

「原子力発電所ができることに反対だ、などと言い出す住民は非常に困ったものだ。産業の発展には原子力発電所は必要ではないか、それを住民投票できめようだと、何を言うか。そういう住民どもは冷蔵庫の電気を消して、テレビも見ないで、それから言え」と言います。新潟の巻町原発のときに実際にそう言いました。町の将来を住民自治で決めることを非難する。住民自治が高まることを否定するワケです。原子力発電そのものに反対しているのではなくて、我が町で処理不可能な放射能汚染物をつくり出すことは容認できないという主張なんですね。それがまさに公共的自治の原点なんですね。

その自治の原点を基にして国政を行うべきです。ところが事態は逆ですね。なぜ逆なのか、有権者が甘く見られているからです。岐阜県御嵩町のときは「産業廃棄物処理場に反対だと。何を言うか、日本の産業の発展のために必要ではないか。住民は辛抱しろ」。こういう論理です。

製品が表門から出て人々の暮らしを豊かにする。消費者はいいもの買えてよかったになる。しかしその製品を作る時に必然的に生じるゴミが産業廃棄物です。表門から出て行った製品には「製造物責任法」つまり、製造した人が承知していなくても事故が発生した場合には製造者に責任を持たせる。そうすると安全な製品を作るようになる、と考えるのが製造物責任法です。であるならば、裏門から出て行くゴミも製造者の責任にするべきです。ところが、厚生省官僚はああいう法案をつくって、メーカーは廃棄物業者に任せて涼しい顔をしています。住民に辛抱せよという政治にさせているのは主権者の弱さなんですね。そうでない政治をつくり出すには身近な自治からです。

もしかすると、「その自治を潰すために合併をやれ」と言っているのかもしれません。今回の町村合併の促進にはそういう問題があるのだと見ぬく。「行政経費の節減」のための合併であるのに、「行政効率」であるとか、「行政サービスがよくなる」という言い方を正面に押し立てているのです。今回の合併促進にはどこに問題があるのかを見抜くべきだと申し上げたいのです。

分権推進と合併推進の論理矛盾

地方分権は自己責任・自己決定であると言われています。

「地域の将来は自分達で決める」。これからは「機関委任や通達では駄目だ」が今回の地方分権改革であります。

現代社会の公共課題は前例のない緊急で困難な課題ばかりです。例えばダイオキシンや地球環境問題。少子化や高齢社会への対応問題です。特殊養護老人施設は不足してどこも順番待ちです。その順番とは何か。入っている人が早く死んでよという順番待ちです。老齢介護の問題を解決するには旧来型の統治・給付の行政ではうまくゆかない。人々と行政との協働が不可欠です。すなわち自治です。地域には公共性の感覚を持った「市民」が増えています。「住民」から「市民」へと自身を成長させています。自己利益・目先利害でなくて公共利益を考える人が育っています。しかしまだ少ない。参加の住民自治を高めることが焦眉の急です。制度分権だけでは自治になりません。

自己決定と自己責任が必要な現在に合併を押しつけてくるのは矛盾しています。自己責任だと言いながら他方では市民自治的自己決定がしにくくなる市町村合併を押しつける。「押しつけてません、参考資料です。一つの選択肢です」と言います。よく言うよです。つまり、合併は行政経費の節減が本音であって、それを行政サービスの充実のために合併した方がいいんだといっていることを見抜くべきです。自治省指針にはこう書いてあります。県や道は「推進要綱を作って合併を促進しなさい」と。

自治省指針の論理　―統治の思想

資料がお手元にありますね。一枚目の資料の末尾から三行目に、「要請します」と書いてありますね。文章の語感は命令調です。最後の行は「お願いします」になっていますが、「貴下市町村に伝達されたい」と言うのが従来の「通達」の文言だったのです。「やりなさい」という文章です。

そして、合併パターンを地図で示しなさいと指図しています。「合併させられるのか」、「ぐずぐずしていると兵糧攻めにされる」と思わせなさいです。心理的に追い込んでいけ。口先だけではだめだ。地図でパターン示せ。そうでないと効果はないぞと細かく指図しているのです。お手元に配布した資料を読んでみて下さい。読んでいるうちにあきれてしまいます。

「合併促進は都道府県の責務だ」というのがこの要綱なんですね。ですから知事あてに「要請します」と書くわけです。「総合的行政サービスは市町村の責務である」「合併をすればサービスの量と質が上がる」「そのためには財政基盤の基礎を固めることだ」「自治省としては財政措置も考えている」「十年間は交付税の合算額は切らない」と。しかし十年経ったら切るです。

それから一生懸命やったところには報償金を褒美としてあげます。積極的にやったところはモデル合併として補助金をあげます。というようなことも書いてあります。合併に不満のある集落や地域には公共施設を作りなさい。その起債は認めてあげます。しかし借金ですね。自治体はどこもすでに一杯借金をしているのです。景気回復のために借金をさせられてきたのです。

もともと、交付税はシャウプ勧告の平衡交付金以来、税金がたくさんはいる地域と税金が少ない地域を均等にしようというのが交付税制度です。それを「特別交付税」ということばを作って政策補助金にしているのです。

かつて、東京都二十三区の区長公選を押し潰すために、憲法で保障している地方公共団体というのは、「普通地方公共団体」のことであって、「特別地方公共団体」は長を選挙で選ばなくても憲法違反にはならないのだという論法で二十三区の区長公選をなくして区の独自性を圧殺しました。そして区の課長職は都庁採用の人が独占した。区採用の職員は課長になれない状態がながらくつづきました。

練馬区から始まり区長を自分達で選ぼうと区長準公選運動が品川区で条例になりました。自治省はやむなく自治法を改正して東京都二十三区の区長は区民が選挙で選ぶことになった。選ぶことになったから特別区の政策能力が上昇した。区民が区長を選べず、課長は都庁からやってくるというようなことでは自治は育たず政策水準は良くなりません。これと同じであって「特別交付税」という論法は自治省の常套手段です、特別地方交付税は自治省の政策に使われているのです。これは交付税制度に違反しているのではないか。私はそう思います。

合併すれば解決するかの如き論理

分権改革のこの時期に市町村合併を促進せよと指令するのは住民自治を遠ざけます。自治省通知の添付文書には、合併をしたら次のような効果がありますと効果をならべてあります。しかしながら自主的判断と言うのならば、合併にはマイナス効果も考えられますと書くのが公正です。ところがマイナスの方は「懸念」と書くのです。どこかの首相ではないけれども、失言をしておかしいじゃないのと言われたら、誤解を与えたことは大変申し訳ない、誤解を与えたという意味においてはこちらにも問題がないわけではないけれども、しかし誤解をした方に問題があって、こちらはそういうことを言ったつもりではないのだから撤回はしない。それと同じような不正な論理です。

自主的判断を求めるのならば「合併によって想定される効果」と「合併によって想定されるマ

イナス効果」を並べるべきです。ところが「懸念」なのだから県は説明をしてその心配をとりのぞいてあげなさい。説明してあげれば懸念が取れて合併は促進される。こういう子供騙しのような指針を添付しているわけです。

ところがそれを、北海道の市町村課は自治省の指示のとおりにやるわけです。道庁に主体的独自性があるのならば「効果」と「マイナス効果」を併記した判断資料を作るべきです。自治省の指針どおりの「懸念」という言葉を使った資料をつくるその心根には、「自治・分権を北海道内につくり出そうという気概」が感じられません。

さらに考えれば「行政サービスがよくなるから合併しなさい」というのは、行政サービスは役所が考えて提供するものであって、住民は行政が提供するサービスを受け取る、恩恵を預かる人だという発想です。しかしながら、自治の根幹にある思想は「自分達の地域を自分達で作る」です。「統治」を「自治」に変えていく意識的な継続的な努力が今、求められているのです。これまでそれが足りなかったのです。

明治以来続けてきた、「行政が政策の策定と実行の主体で」「住民はサービスの受益者」との統治行政を改めることが自治・分権・参加なんですね。地域の運命を自分達が作り上げていくという自治のまちづくりに、仕組みや、仕組みを運用する方策に変えていくことが求められているのです。この土曜講座の趣旨はそこにあります。ながらくの「統治と支配の官庁理論」を「市民参加の自治体理論」に転換するのが、この講座を開催している趣旨です。

合併して行政区域が大きくなれば「職員の数」や「予算の規模」は足算ですから増えるでしょう。しかしそれが本当の地域サービスの充実につながるかは疑問です。

そこで、全国各地で集権のシステムの中ではあったけれども、努力をし工夫をしているところの意見を聞いてみることです。たとえば、この講座の講師としていらした岩手県の藤沢町の町長やそこの職員や議員や町民に聞いてみることです。

「合併したってそれは図体が大きくなるだけだよ。」「いまやらなければいけないことは住民の自治意識だ、我が町に対する思いと行動を如何に高めるかなんだ」と答えると思います。これまで苦心して工夫してやってきたところに、まちづくりの実績をあげているところに聞いてみるのが一番良いのです。メリットとデメリットのシュミレーションでは合併の判断はできないと思います。シュミレーションでは自治の思想や歴史をつくり出す洞察と意欲はデーターにして掲げられないでしょう。

地元の中小建設業の方は、今までは役場から工事発注をもらって仕事をしてきた。自分の生まれ育った家族の住んでいる町だから手抜きなんかしないでいい仕事をしている。ところが合併して行政区域が大きくなったら大手が参入してきて地元の建設中小企業は、下請けに回され上前をはねられてしまう。ということも考えられるではないですか。

今日の午前の講義の白老町長のレジュメにも、「町の産業政策は中小企業政策が根本だ」。大手が乗り込んできて、地元で苦労してきた産業を食い散らかすのはよくない、町の発展にならんと記載されています。

しかしながら、合併をしないと兵糧攻めにされるのではないかとの不安があります。だから、その不安をとりのぞく役割が県や道の仕事だと思うのです。ところが、自治省の先兵のように合併を促進しているのです。人口が減って少子高齢社会で老齢者が増えている。情報産業社会になって地元に職場がない。第一次産業で働く人が減っている。先行きどうなるか不安になります。だがしかし「合併をすればそれが解決するのか」です。

音威子府は人口千人ちょっとのところですが、道立高校を地元で引き受けて、全国から生徒を集めています。めざすのは小さくともキラリと光るまちづくりです。ところが、促進されているのは全国画一の、「行政キボ」を大きくする合併です。自治とは制度においてもまちまち、いろいろということです。いろいろな考え方ややり方で、それぞれ独自にまちの魅力をつくる。制度もいろんなやり方がよい。

憲法制定の時、自治体に、つまり都道府県、市町村に憲章をもたせる案だった。憲章を内務省が「条例」と「規則」に換えて全国一律の画一制度にした。

だから今では選挙管理委員も教育委員も全国みな同じ制度にした。だが、まちまちが自治です。

2　道庁の役回り

「自治省の先兵」か「市町村の事務局」か

レジュメ2の「道庁の役回り」の見出しですが、自治省の先兵と書くのは実は気を使ったのです。「自治省の先兵」なんて書くと道庁の人がいやがると、道庁内改革が進行中ですから道庁の各課はいろいろです。けっして一色ではありません。ありませんが市町村課は、この問題についてはと限定して言いますと、自治・分権の方向とは逆だと思います。市町村の事務局としての独自性を発揮してもらいたい。「資料(5)」の町村会の資料をごらん下さい。控え目な町村会ではありますが、要望書には「盲従せず」と書いてあるではないですか。

今回の自治省の「通知」の発信者の意図は今までと同じ「通達」です。そして市町村課も「通達」として受けとっています。今回の地方分権の最大の眼目は機関委任事務という「制度」と「観念」を止めたことです。機関委任事務を止めたというのは通達をやめたことです、対等平等な政府と政府の関係に持って行こうです。だが今はなってない。だからすぐにはなれない。すぐになれないけれどもそれを目指そうです。それをめざして一歩一歩すすめるのが市町村の事務局である市町村課の役割です。その考え方が欠落しています。

まさにこれが「道庁改革の検証」だ

北海道ガバメントをめざしている道庁なのだから、なぜ支庁改革など現在進めている道庁のシステム改革ともくるめて、道内の住民自治を充実させることを第一義の目標にしなかったのかと思います。今回の「合併促進通知」をなぜ北海道の独自性発揮のチャンスにしなかったのかと思います。

自治省のご意向通りにやるのではなくて、道庁内で横と連携を取り合って、道庁改革に位置付ける発想がほしいと思います。北海道庁市町村課に必要なのは、これは「通達」ではないのだという「認識」と「周知言明」です。自治省に向かっては、合併議論をこういう全国画一の指針で下ろすのは分権推進に反するではないかと言い、学識者委員は記者会見をして日本列島にそのような考え方を発信するならば、北海道は経理問題はあったけれどもしっかりしているんだなあとの評価を受けることになる。ところが、検討推進委員会の報告書は道庁の職員が書いたものです。学識委員は第一回目の会合の時に、機関委任事務の廃止によって「通達」はなくなったのだから「通知」に従属する必要はないのだ。北海道は合併推進でなくて、まず、住民自治の強化を考えるべきだと発言してもらいたい。それが学識者委員の役割だと思います。

たしかに、合併していいと思っている町村長もいらっしゃるでしょう、それを自分の口から言えないので道庁から言ってもらいたいという人もいるかもしれない。しかしまた、合併には反対だと考えている町村長もいらっしゃる。現在でも区域が広すぎると考えている人もいる。そのような町村長が集まっている町村会であるのだから、市町村課は、今回の通知の取り扱いを町村会に協議するのが順序だと思います。ところが、町村会からごくごく控え目の意見書を出したら、この意見書は駄目だ町村会が協力的でない、と言っているとのことです。そのようなことで北海道がローカル・ガバメントになっていくだろうかと思います。

いまだ、道庁職員の意識や仕事のやり方はローカル・ガバメントとはるかに遠いように思います。例えば昨日、本庁に転勤になったばかりの道庁職員から聞いた話しですが、部長や課長が仕事の関係で国の省庁へ行く時、どういう言い方をしたらいいかを若い職員がメモでなくて文章で書いて渡しているというのです。年配の生活経験のある管理職の人が省庁の役人に会った時に、どういう言い方をするかを、東京へ出張したこともない若い職員に書いてもらう。この長年の道庁内の慣行はなかなか変わらない。ですから「通達」がなくなって「通知」になっても市町村課のやり方は変わらない。道庁が道内市町村の事務局になることをめざして「地方課」から「市町村課」に名称を変えたけれども意識と仕事のし方はなかなか変わらない。でありますから市町村の事務局に変わろうとする具体的な場面での営みが道庁改革の営みなんですね。今回、自治省から通知が来た。そのとおりにやるのであれば、建設省、農水省、国土庁、厚生省からも「通知」がくるとこれまでの「通達」と同じ扱いになるではないか。それでは改革はすすんでいないじゃないかになります。

道庁作成の「合併推進要綱の論理」

なぜ、道庁内の改革がすすまないのか。それは道庁職員が能吏だからだと思います。能吏とは能力ある吏員のことです。つまり、趣味もあり教養もある。上司には忠実で勤勉。けれども、官尊民卑・上意下達のシステムを自分で変えようとはしない。法律や制度を前提にしてその枠内で勤勉に仕事をする。だがしかし、市町村との関係で道庁の仕事のし方を自治省「通知」とちがったやり方に変えることはけっしてしない。それを能吏に期待するのはとても難しい。これは悪口じゃないんですよ、悪口を言っているようだけど違いますよ。期待しているから急所を指摘しているのです。市町村課作成の「合併促進要綱」は自治省の指示通りのものです。委員のある方は文章は手直ししましたよと言います。多少文言は変えてありますが、根本は何も変ってはいない。「合併のパターンを地図化して合併の気運を作れ」の指針のとおりです。

問題は文章の言い回しではないのです。私たちは体験的に分かるじゃないですか、ここがポイントだというところが。そこがどう変わっているかです。

お手元に「合併の効果と懸念」という資料(3)があります。「行政サービスの充実」となってますでしょ。つまり合併すると行政サービスが充実できると書いてあります。読んでみますと、「高齢社会の到来に向けた基盤整備ができます」と書いてある。基盤整備は建物を造ることだけなのかと言いたくなります。生活経験のある人は分かるでしょ。施設ができても身近に住んでいる人が、

「お祖母ちゃん元気」とか、「暖かいものを作ったからどう」とか、そういうようなことが整わないとだめですね。福祉電話を付けても電話をかける人がいなければ、枕元に電話器があるだけです。そのような連帯のシクミが伴わなければ、高齢社会に対応する地域社会にならないじゃないですか。町村合併すれば財政に余裕ができるから基盤整備ができると合併の利益を掲げるのは疑問です。本当に大切で重要なことの指摘が欠落しています。そして高齢者の数も増えるのだからそんなに計算通りに余裕が出るのかと思います。

必要なのは身近なところに連帯をつくることが高齢社会対応の地域システムです。それが住民自治なんですね。そのようなことを言及した北海道独自の「検討案」をつくってこそ、市町村の事務局ではないですか。あるいはまた、合併のメリットとして学校の通学時間が短絡されると書いてあります。それはどうしてなかと思いますね。

現在でも学校を統合して遠くなっているのです。ところが町と町の境界周辺に住宅が密集している場合には、合併するとそこに小学校をつくるからメリットだと書いてある。そんな子供騙しみたいな例を出して、それが合併の効果だと言うのはどうなのと思います、悪口が過ぎるかな。公共施設の相互利用は、合併したらできて合併しなければできないものではない。現状であっても広域的に連携して仕組みと運用を改めていく。お互いに協力する。そういうことが自治だと思います。ところが合併すると広域的視点に立った町づくりができますと書いてあります。

帯広市に合併した旧大正村と旧川西村は今では、都市の周辺地域になっています。自分の地域を自分達で経営する住民自治の砦（役場）がなくなったのです。今では周辺地域です。

他方、旭川市の地図を見ると鷹栖町が入り込んでいます。かつて旭川市への合併の話があった。だが当時の人は合併しなかった。そして今では全国から注目される福祉と元気な町ができている。つまりそこに、自分の町の自治の政府があるから小さくともキラリと光っている。住んでいることが喜びに思える地域社会を作っている。小地域であるからいろいろと苦心し、工夫し努力を重ねて今の鷹栖町をつくってきたわけです。長いものには巻かれろで東京の命令に従って全国画一にやってきたところにキラリと光るまちはない。めざすべきは小さいけれども光るまちである。「団体自治」の制度改革が一歩すすんだ今、「住民自治」の内実を作ることが一番重要です。もちろん合併しなければそれでまちが良くなるのではない。合併した町村以上の苦心と工夫をするからキラリと光るのです。

合併が必要なところは合併すればいいのです。問題なのは全国画一にパターンを作っての合併促進がよくないのです。それくらいのことは、市町村課の人もわかっていると思います。問題なのはわかっていて、なぜ自治省「通知」のとおりの要綱をつくって説明会を開くのかです。市町村自治の側に立てばそうはならない筈です。旭川や帯広の周辺の地域を見れば分かることです。合併の効果として掲げられている「行政の効率化」とは「経費の効率化」のことですね。これが狙いなんです。合併すると総務や企画に専念できる職員が配置できると書いてあります。しかし今の役場の総務や企画は道庁から降りてくる調査や資料づくりをやらされているのです。

合併すれば政策法務、都市計画、国際化、情報化、男女共同参画社会というような新しい仕事に専任職員を配置出来ますと書いてあります。しかしながら、そういう政策課題は地域の方々と協働する仕組みをつくらなければ意味ある内容になりません。これまでのような行政が企画し行政が執行して住民は客体・対象という統治行政を改めなければ効果は上がりません。それは住民自治が高まらなければできないことです。

つまり役場に染み付いている住民を客体とする統治行政を自治行政に転換する。無難に大過なくの公務員の行政スタイルを改革しなければそれらの新しい政策課題に専任職員を置いても実質あるものにはなりません。地域の人達との信頼関係がなければ新しい政策課題に対応はできないのです。ところが、合併すればこれもできます、あれもできますと書いてあります。だが、一番重要なことは書かれていません。必要なのは住民自治です。

一律に合併を促進せよとの自治省指針が問題なのです。その自治省指針どおりの促進要綱を作成する県や道のあり方が問題なのです。

合併の効果として地域のイメージが上がりますと書いてある。行政規模を大きくしたら地域のイメージが上がるのでしょうか。そうではなくて住民自治のまちづくりが町のイメージを高めるのです。

宮崎県綾町の町長がかつて、「産業観光」はいいけれども「観光産業」は駄目だと言った意味はそれなんですね。小さな自治体がキラリと光るまちをつくっています。そういう地域から学ぶことです。合併すれば財政規模は大きくなるでしょう。合併による効果がないとは言わない。しかし、今回の合併促進は莫大な赤字財政のツケを地方に廻す経費節減であることは明白です。問題は、地域の人々の暮らしが豊かになっていくかどうかです。地域社会を豊かにするのは町に愛情を持って参画することです。これまでの統治行政を信頼し合う自治行政にするのは小規模ほどやり易いのです。白老町に今広がりつつあるような公共的町民意識が広がることです。

促進要綱には「懸念」と書いてあります。なぜ「マイナス効果」と書かないのでしょう。自治省の指針には「懸念」と書いてあっても、北海道の検討資料には「マイナス効果」と書くべきでしょう。問題なのはその従属感覚と意識です。合併しても本当は大丈夫なんだよ、心配のし過ぎなんだよ、合併にはマイナスはないのだよ、あるのは不安と心配なんだ、と言いたいから「懸念」

と書くのですね。そしてその懸念は情緒的な心配だと思わせたいのです。マイナスの効果と書くべきです。そしてその一番に書くべきは「住民自治がやりにくくなる」です。なぜ「住民自治がやりにくくなる」と常日ごろ自治・分権を口にしている学識者委員は言わないのかはなはだ疑問です。今回の制度分権で「団体自治」が一歩すすんだのだから次は「住民自治」をつよめることだ、になぜならないのかと思います。しかしまあ、「懸念」ならば懸念でも構わない。しかし懸念の第一は、まちを愛する自治の心が遠のくことだと、第一番に書いてもらいたい。ところが、自治省の文章通りに「ぬくもりのある行政がなくなるという懸念がある」と書く。そして「その懸念は住民参加で打開できます。住民と行政との共同をやれば住民との連帯意識が生まれ、新しい信頼関係が生まれ地域は活性化します、とかんたんに書く。しかしながら、現在においてもその参加による信頼関係が不十分で弱いのだ。合併するとますますそれが難しくなるではないか。現状において存在している心配をそのまま解答の処方箋に持ってきて「合併しても大丈夫です」と書いてある。くり返し確認します。現状況において住民参加は十分でなく、行政と住民との協働の仕組みがようやく根付こうとするときに、合併するとそれが遠のく「懸念」があるのです。ところが、合併しても参加をやればよいのだ。やればできるんだ、心配はないよ、と書いてあるわけです。それなら書いた人が地域でやってごらんと言いたくなります。こうも書いてあります。

役場と住民が遠くなって、住民の意向が反映しにくく、きめこまかな施策ができなくなるのではないかという懸念もあるが「心配することはない」、今回の特例法の改正によって「地域審議会」を置くことができるのだ。審議会を活用すればその心配は解決すると書いてあるんですね。あるいは出張所を置けば行政サービスを低下をさせることなく住民の利便性を確保できるから合併しても大丈夫だと書いてある。

行政相談窓口を設置し、地域住民との懇談会を充実させれば大丈夫だと書いてある。だがしかし、そのように生き生きと参加が機能しているところがどこにあるのか。北海道で最先端だと言われている町にしたって「いやいやまだまだですよ。」「私の方も始まったばかりなんです」というのが実情です。そのことを知ってか知らずか「合併してもこうやれば大丈夫だ」と書くわけです。

これを書いた方々は本当に住民自治が分かっていっているのかと思います。合併すると周辺地域はさびれるのではないのかの心配に対して、「心配ないよ」「住民と十分な議論を重ねて建設計画を策定すれば均衡ある発展ができて住民福祉の向上ができます」と書いてある。このように安直に言葉で書いてもかんたんにはいかない。財政措置の内容は施設を作る借金をさせてあげますということです。自治省の添付文書のとおりの促進要綱です。これで、北海道ガバメントと言えるのか。「自治省が言ってきたので一応やっているが町村に押しつけるつもりはないよ」と言うのでしょうが、しかしそれは、自分は責任をとらない態度です。市町村には押しつけてないと言っても、これまでの北海道庁と市町村の関係からみれば、重い意味があります。道庁が自治・分権のために自治省と向かい合う姿勢が必要です。ここに書かれている文章は、言葉はたくさん知っているが住民との信頼関係がまちづくりにはいかに大切かを身にしみて知らない能吏の作文です。たしかに書かれていることは大切なことです。しかしここに書いてあるようなことは、書いた本人が、伝統的官治行政の考え方の上司の壁を越えて、住民の中に根づよくある行政への不信を拭い去って、住民との相互信頼に到達する経過のなかで、職員自身に最初は見えてなかったものが見えてくるというプロセスを経た人にして始めて書ける言葉です。しかしながら、そういうことはおそらく何も体験しなかった人が、大丈夫です杞憂ですというのでは信用出来ません。実際に最先端の町づくりの実績を挙げているところに行って、自治省の指針にはこう書いてあるけれども本当に町村の人が心配がないようにするにはどうすればよいかを聞けばよいと思います。

まことに困る言い方

次に申し上げたいのは「まことに困る言い方」ということです。平素は「自治」「分権」「参加」の重要さを述べている人が、今回のように合併促進の通知が自治省から降りてきて、道や県から促進検討委員会の委員を委嘱されると委員になって「もっともらしい言い方」をすることです。まさに自治が問われているそのときに逆の立場に立つことです。かくれみのの役割を果すことです。北海道だけでなくて今回は四七の都道府県で自治省通知どおりの合併促進要綱の作成に協力している学識委員が多いと思います。それは、その人の自治体理論の内実が試されているのです。

世の中で何が困るといっても一番困るのは、ふだんは改革を唱えていて、まさにその場面で逆の側に荷担することです。これが一番困ります。

3　試される北海道

首長と議員の見識と責務

レジュメの三つ目は「試される北海道」です。「試される」というのは、課題に直面してリスクをも覚悟して行動する。チャレンジすることでしょう。言葉ではかっこう良く言うがサッと逃げて、自分は心配がないところにいて、分っているよ。個人的に言えば合併に問題があることは知っているよ、知っているけれども自治省から総務部長や財政課長にきていることだし、自治省とうまくやっていかなければいけないのだから、仕方がないんだ。そんなことも分かってくれないで批判するのは問題だ、と言うのかもしれませんね。そこで、道庁に期待できないならば市長村長と議員に期待したい。町をよくするのは住民自治が基本であるとの見識です。住んでいる人が、自分の町を楽しくて、安心して暮らしていけるまちにする。年寄りになって身よりは遠くに住んでいるけれど、町には福祉の仕組みが地域に根付いている、安心して住んでいられる。ダイオキシン問題も、子供の教育も参加のまちづくりになっている。そういう地域社会を作るには、今は何よりも住民の参加の気持ちが高まることだ。これが町づくりの根幹であるのだとの認識です。

都市型社会といわれる現代は、工業文明的生活様式が広がり、車社会的、コンビニ的生活になっている。社会の仕組み、構造がかつてとちがっている。人々の暮らしが公共の制度や基準によって担保されなければなりたたない社会になっている。公共政策が不可欠必要になっている。オンムズパーソン制度も市民参加条例も、情報共有制度も、パブリックコメントの制度も、職員研修の改革も必要です。これまで改革してきたけれども、まだ十分でない。統治から自治のシステムに切り換えるのは簡単ではない。簡単でないから今必要なのは、「合併」ではなくて「住民自治」です。目標をそこに定めなくてはならない。道庁が頼みがたいならば市長や議員の方々がその認識を堅持してほしい。道庁の市町村課は残念ながら自治省サイドです。制度分権が少し進んだ今は町をよくするには住民自治の内実を高めることです。住民自治が一番の眼目なんだとの認識を期待したい。名前は申しませんが、北海道の町村自治に詳しい方と一昨日会って、今回の合併騒動について話し合ったのです。「合併にメリットがないとはいわないけれども、住民自治は間違いなく後退します。」とその方はおっしゃいました。町を良くするには、町の方々が町のことを知ることです。今どういう問題があってどういうことが障害になっているのか、役場がどういう問題をどのようにやろうとしているのか、そういうことを町の人が知ることです。ところが、長らく統治行政であったために部外秘でした。管理職の人は、勝手に住民に知らせるなというやり方でした。しかしこれからはそういうやり方と考え方を越えなくてはならない。現在の役場、市役所、道庁には統治行政が根強くあります。それを変えるのは簡単ではない。しかし、「統治」を「自治」に切り換えなくてはならない。そのことの重大さを要綱推進をお作りになった方々はわかっているのでしょうか。言葉では押しつけではないと言う。一つの選択肢だと言う。しかしその促進要綱は自治省の指針のままである。言っていることと自分がつくり出している事態とはちがっているのです。首長や議員は住民自治が不可欠だを基本軸にしていただきたい。役場職員の方々はその方向への方策を考え出していただきたい。

期待したい第二は、首長や議員が、道庁が合併促進の方向にあるのならばやむを得ないとあきらめて、独断で町村合併に踏み出さないでいただきたい。弱気にならないでいただきたい。住民自治の区域は住民自身が決めることなのだと考えていただきたい。

道庁主催の促進要綱の説明会ではなくて、地域の主体で賛否の研究討論会をやる。職員の方々も今回の自治省指令の合併論議に傍観者であってはならない。地域自治の事務局職員として住民自治の区域の変更は重大な問題であるわけです。先進的な成果を挙げているところと交流して合併問題の意見を聞く。それを町の皆さんに伝える。先進地を視察をしたら町の人に呼び掛けて討論会を開く。合併問題を考える町民の集いでいいけれども、合併云々よりも町をよくするにはどうすべきなのかの論議に重点を置く。よその町ではこういう成果を挙げているという話に議論を進めていく。そうすると規模を大きくする合併には問題があることが見えてくる。公共事務局職員でありますから、自分の担当している仕事で住民に分かりやすい資料を作成して提供する。今時代が必要としている役場職員は自分の担当している仕事の情報を集め、地域の方々に分かりやすい資料を作成して配る能力、これが一番ではないかと申し上げたいですね。

北海道町村会の存在意味

町村会が存在している意味は何でしょうか。かつては町村会はどこも首長の懇親の場であり道庁や中央官庁への陳情の組織であった。それも重要でないとは言えない。重要です。しかしだんだん町村会の役割が広がっている。とりわけ北海道町村会は全国からモデルと見られています。川村さんが常務の時に企画調査部をつくり、「フロンティア180」も刊行されている。

自治体職員の政策情報誌として「フロンティア180」はレイアウトもいい、写真もいい。トップの水準です。フロンティアで町村合併を特集したらよいと思います。

町村は今までが今までであったから北海道庁にお手向かいするような発言はしにくい。個々の首長は言いにくいのだから町村会が今回のような合併促進のすすめ方はおかしいと、言うべきです。

そして、例えば、北海道選出の国会議員や道会議員に今回の合併問題のアンケートを取って公表する。公的な立場の人が公的な問題について回答はするけれども公表はしないでくれとは言わないでしょう。ところが国会議員は先に述べたように公表しないでくれというんですね。合併論議の前に何が今必要かを認識する状況を作り出すことです。町村会が、知恵を働かせて、自治省がすすめている合併促進の機運の醸成に対して、今何よりもやるべきことは「住民自治」であるとの認識を広めることです。道庁主催の説明会ではなくて、いろんな考え方が自由に表明される場をつくることです。

道庁主催の説明会は「合併促進要綱」の説明会です。結局は財政措置の話になって、やっぱり合併は仕様がないのかなとの気分にさせるためのものです。それがつまり気運の醸成です。「現実的判断」との言い方は、多くの場合、めざすべき方向を見定めない思考です。何とかして壁をのりこえようとしない考え方です。そのリスクを自身に受けとめない思考です。現状容認の静止的思考でなくて現状を打開する動態的な考え方が自治をつくり出すのですね。

合併議論の前に考えるべきこと

合併に絶対反対と言うのではないのです。そうではなくて広域連携や自治体連合も考えてみるべきだと言ってるのです。

北海道であるのだから、面積要素を重視するべきです。まずそういうことを言わずに自治省指針の言葉と論理を使っていることに残念さを感じます。学識委員のある方は、合併も選択肢の一つなんだと言います。たしかに合併は選択肢の一つでありましょう。しかしそれは客観的な判断材料を提供してから言うべきです。自治省指針が「合併させよう」として中央から降りてきて、道庁市町村課はそれに従属せざるを得ないとの姿勢であることは明白です。であるならば、「合併も選択肢の一つだ」と言う前に、学識者ならば背景と事態の見通しをもち将来に責任を持って発言するべきです。委員を引き受けるのならばそれなりの覚悟を持つべきです。

これは全国の県も同じです。常日ごろ「自治」「分権」を言っていて、このような正念場のときにサラリと無色な中間的な人畜無害の立場で発言するのは困ります。委員を引き受けたのならば見識を持って、例えば、〈通達〉はなくなったのだ。「通知」なのだから、道や県は主体的に対処するべきだ、と委員会でまず最初に発言するべきです。事務局作成の原案を承認することではないのです。

私は道庁の交通安全基本条例の改定の時に検討委員を引き受けました。人の批判をするのなら「お前はどうなのだ」になりますから、自分のことを話します。

北海道では交通事故で年間四百人も死んでいる。そこで道庁は交通安全基本条例を改正することになった。その審議会の委員を引き受けました。一番最初にでてきた問題は、スピードの出し過ぎが事故につながっている。だから、スピードを出さないようにしようという議論になった。北海道の道路は冬を除いて秋とか春とかのときに前方がずうーっと見えていて、横路から入ってくるのも見通せる道路が多い。そんなとき六十キロで走っている人は誰もいない。だから時速制限を六十キロまでとの現在の定めはおかしいじゃないか。九十キロとか百キロとかの速度制限にして、そのうえでスピード違反はやめる。速度制限は守る、にすべきではないかと発言したのですね。それをやれば、スピード違反でいまいましい思いをしている運転者から「道政の評価も上がりますよ」と言ったのですね。現状は、警察は今月はいくらスピード違反の罰金を取ろうとノルマを決めて取締まりをやっていると悪口を言われている。その忌ま忌ましい思いをしている人が、新聞で制限速度を直した、「いいこともやるじゃない」となるからやりましょう、と道庁の交通安全対策の室長に言ったら、ムニャムニャなんですね。

私は、「たとえば道民(かでる)ホールで、この問題をテーマにして公開の討論会をやったらよい」。今の速度制限のままで良いという人と、改めるべきだという立場に分れて討論をやる。

そうすると新聞もテレビも取材に来るから「是非やろうよ」と何度も発言した。けれども事務局である道庁の室長がこまったような顔をして黙っている。私の発言に賛成する委員もいたのだが大勢は室長の顔を見て黙っている。で私もあきらめた。私もそれまでだった。するとそれまで傍聴取材に来ていた新聞記者は、もはやこれまでかと来なくなった。

北海道条例に市町村の責務規定を入れる問題

二つ目の問題は北海道条例で道内の市町村の責務を規定する問題です。道の条例で市町村に責務が生じる。「ちょっと待ってよ」。市も町も村も議会がある。町長や市長がいる。なぜ道の条例で定めたら市町村に責務が生じるのか。おかしいじゃないか、「それは市町村の団体自治に反する」と言ったら、「そんなこと言ったって北海道の条例はみんなそうなっているんです」というから、「今までのそれがおかしいんだ」。これは譲らないと思ったですね。委員の顔を見廻したら室長に賛成する目つきの人が多いんですね。それで、私の考え方をしっかりと述べた上で、座長ですから発言を促す権利が私にあります。女性の委員が五人いたんです。女性の委員に順次発言を求めました。

こんなとき女性は頼みにたります、本当に。正しいものは正しいと言うんですね。「私もそう思います」と言うんです、「ではそういうことでよろしいですね」と言った。そうすると男性の委員が一人手を上げた。「いやあなたの意見は分かってます。あなたはずっと当局と同じなんだから聞かなくても分かりますよ。」とやっちゃった、失礼だけど。そして「この問題はぜひこういうふうにしたいと考えますが、いかがでしょうか。」誰も発言がない。「ご発言もないようでありますからこのように決めさせていただきます」とやっちゃたんです。つまり、案文から「市町村の責務規定」を削除したのです。

その数日後、三重県に出かけていたら、道庁の交通安全対策室から電話がかかってきて、「なんとかならないでしょうか」、「道の条例には全部『市町村の責務規定』が入っているのです」と。「この前、論議して決めたことではないですか」、「あれほど議論したことなのに」と言ったら、「あのあと、庁内でいろいろ言われているのです。なんとか入れさせてくれませんか」と言うのです。私はつい大声を出してしまいました。

まわりの人が大きな声で電話をしている私を見ていました。「それでは知事に提言書を渡す時に、けしからんじゃないですかと抗議するから」といったら、「それは困ります」。というようなことがありました。北海道にかえったらある委員から「市町村の責務規定を除くのは問題だ」と私に長文の手紙が来ました。そこで事務局に電話をして、知事に提言書を渡す時にその委員も来るように言っておいてください、その場でその人と議論しますからと言っておいたら、来なかったですね。

当日は、堀知事はご用があって副知事に審議会のまとめをお渡しした。「日本全体がだんだんと自治分権の方向に向かっていくのが時代の流れであると思うのだが、副知事はどう思われますか」と言ったら、「そう思いますよ」と。「妙なことを聞いて失礼しました。実はこの条例案の審議の過程で「道条例に市町村の責務規定」を入れるのはおかしいじゃないかという意見が出て、そういう提言書になっているんです。しかし審議会の提言書だから、当局は当局の責任で議会提出の条例案を作るから、その時に元に戻されることも考えられる、もし変えるのだったらこの場で言ってください」と言ったら、「どうしてそういうことを聞くのですか」と言うから、「原案に戻すのならば私はこれから道庁記者クラブへいって、責務規定を入れることが如何におかしいかを話しますから」と言ったんです。

「荒立てなくてもいいですよ」というから、「それではよろしくお願いします」と帰ってきたんです。かくして、交通安全基本条例は北海道条例で唯一の「市町村の責務」を規定しない条例になったのですね。全国でも唯一の条例かもしれません。その後、何か月か過ぎて、地方分権の流れで自治省から各都道府県の条例の市町村責務規定を削除すると通知がきた。だからなぜ、言ってくる前に自治体で自主的に主体的に定められないのかということで申し上げました。

実例をもう一つ話します。この会場にはついていないけど「非常口」という緑色の灯りがホールや集会室についています。これまで長い間「何とかならないのか」と問題になっていました。これを自治省が消防庁と協議して、演劇で真っ暗闇にするための暗転の時間であれば、芸術効果のためには消してもいいという通知がきた。

そんな通知があろうがなかろうが自主的に対応策をとるべきです。それらは自治体の判断です。

十秒や二十秒のわずかの時間が消防法違反になるのかとの判断です。臨機応変の問題です。つまり市町村合併というような「住民自治の区域の問題」にしっかりした自治の考え方を委員も北海道も持つべきです。そういうことがなくて、何でもないときに自治だ分権だ財政の確立だと言っても意味がない。もとより電話で大きな声を出すような大人気ない態度はいけませんが（笑い）。

4　ハネ返すのは地域の力

住民意思で決めるべきこと

合併は行政区域の問題ではない。合併は住民自治の区域の変更です。住民の意志で決めるべき問題です。文明が発展すれば人々の生活の行動範囲も変ります。区域も変わってよいでしょう。何も固定的に考えることはない。しかし、生活行動区域と自治の区域が同じにならなければいけないということはない。問題は地域の方々が市長を選び町長を選び議員を選んで自治の政府機構を作る。自治体政府を作ることによって、住み心地の良い安心して暮せる自分達の地域社会を作るのです。合併はその住民自治の区域の変更です。

明治の時に山県有朋が全国画一の地方制度をつくった。そしてその後「明治の大合併」「昭和の大合併」が中央政府の指導で行われた。それは上からの合併で中央の政策を執行するための地方行政の区域の整備であった。しかし分権型社会に入った現代では、上からの画一的な合併促進は断じてよろしくない。

代表制度と住民意思

次の問題は、町村長や議員が合併はやむを得ないと自分の判断で決定してしまう問題です。合併は万やむを得ないと考え、住民意思との齟齬が生じたときが問題です。この問題をどう考えておくかです。制度上の決定権は首長と議会にあります。代表制民主主義の制度ですから。しかしそれは白紙委任ではない。何をやってもいいではない。住民自治の区域を変更する合併というような問題は住民意思に基づいて決めるべきことがらです。制度的決定権者である首長と議会は住民意思を確認をしてそれを尊重して決める。そのように考えることは代表制民主主義の軽視ではない。代表制民主主義を機能不全に陥らないようにするものです。議員や首長が「選ばれたんだから、権限があるんだから」と住民意思とちがった決定をするのは誤りです。

誰がその権限を与えたのかを忘れてはならない。しかし不幸にして対立や矛盾が生じる場合があります。往々にしてその対立は、住民無視や独断によって生じている場合が多い。そこで正さなければならない。それがリコールですね。リコールという形で正す。あるいは直近の選挙が近付いていればそこで落選をしていただく。各地で住民投票が起きております。巻町原発も御嵩町の産業廃棄物も、吉野川可動堰も住民投票の運動が起きました。この運動は地域に自治をつくり出す営みなんですね。地域の将来に甚大な被害や重大な変更を生ずる問題について、主権者である住民は、首長、議会に多大な関心と期待をよせているものです。正しい決定を期待しているのです。ところが放っておくわけにいかない重大な齟齬が生じた場合には、住民が信頼委託契約によって権限を委ねた首長や議会に不信感を持つのは当然のことです。つまり、その不信感が生じた地域で住民投票という運動が起きるのです。代表制度が正当に機能している時に住民投票がでてくることはないのですね。

住民自治に反感をもつ人は、「なんでもかんでも住民投票で決めるのは代表制民主主義を軽視することだ」、と言います。これはねじまげた見方です。誰もそんなことは言ってないのです。重大な背信行為があった時に住民投票の声が出てくるのですね。町長や議員と有権者とは如何なる関係にあるのか。選挙は白紙委任ではない。選挙は信頼委託契約です。信頼関係を基礎にしているのです。その信頼関係に破綻が生じたら、町長は町長でなく議員は議員でないのです。しかし信頼関係が破綻しているか否かが明白でない。「信頼関係は壊れてない」、「いや壊れている」、と水掛け論になる。そこでリコールという手続をつくった。選挙は信頼関係を基礎にしている。三百六十五日、毎日毎日が信頼委託という契約関係にある。だから投票が終わった後も議会や町長の独断専権ではない。

そういうものとして選挙がある。選挙という契約関係は毎日毎日生きている。そういう信頼委託の関係が生きていて地域に自治がある。ですから今回のような重大な住民区域の変更を町長や議会が権限だからといって独断的に決めてしまうのは、重大な背信行為だという考えを持っていただきたいのですね。

道庁の説明会でなくて町村主催の討論集会を

住民投票が代表制民主主義を機能させ補完する。これが代表制民主主義を生き生きと機能させるために直接民主主義があると言われている意味です。道庁の合併の説明会ではなくて、合併の前に住民自治を高めることだとの自主的な議論を起こしていただきたい。町村会も町長さんも議員の方々も道庁に遠慮なさらないで、「合併は得か損か」。「反対だけではダメなのではないか」の議論でなくて「住民自治」を考えるチャンスにしていただきたい。市町村課は自治省の手前やっているだけのことなんだからと言います。押しつけでないと言います。しかしそれは自身のなすべき責務を果たさないズルイ言い方です。そして結果として自治省の側に立っているのです。そのような道庁に同情するのはオカシナことです。いわば自分をいじめている側に立っている相手に同情するのは正常な合理感覚を失っています。

自治は奪還するものです。自治権は闘いとるもの。与えられるものではない。明治以来、戦後もずっーと「統治」であってそのため「自治」は不十分なのです。

小規模自治体ほど住民自治は強まる

小規模自治体ほど、住民自治の意識やシクミをつくりやすいのです。子や孫が住み続けていくこの町を大切にしたいという思い、その心が自治の原点です。これまでは中央集権の行政システムであったから住民自治は微弱であったのです。制度分権された今が重要です。しかしそうはいっても諸般の事情から、合併をした方がいい場合もあるでしょう。その地域は合併をすればいいのであって、問題なのは自治省が指図をして道や県がそれに追従して合併促進をすすめていることです。行政と住民との協働の仕組みを作るのも、情報共有の仕組みを作るのも小規模自治体の方がやりやすいのです。北海道は町村の面積が広い。人口が減っても広いことに変わりはない。団体自治の制度的分権改革がすすんだ今、その内実である住民自治を作ることが重要です。

住民参加の実質はまだまだ不十分であるのだから、箕面市のような条例を作るやり方を学ぶのもよい。ようやく根づきはじめた自治の意識を今回の合併で後戻りさせてしまうのは残念なことだと考えていただきたいのです。

本当は市町村の事務局だと称している市町村課の方がそのような考えを持っていただきたい。私は先日この講座のために資料をいただきに市町村課に行きました。私の顔を見て市町村課の方は堅い表情をするんですね。合併促進検討委員の人にそのことを話したら、「町村課は変わったですよニコニコしていますよ。」と言いました。

「あなたが行けばニコニコするのは当然です」。と私は思いました。道庁や市町村課を悪者にしてはいけませんが、批判はしなければなりません。そして、市町村の長、議員、職員、町の方々が、分権時代に対応する町づくりとはいかなるものか、今すすめられている事態を見る視座をもつことが何よりも重要です。土曜講座はその視座をもつ場なんですね。町がよくなるのは、協働の住民自治です。「財政措置」という飴と鞭に屈伏してはならない。人口四千人以下のところは特別交付税を削ると脅され、合併に応じるのなら助成金をやるという指針を出しています。その金は誰の金だと言いたいですね。

過疎の山林原野は公共財産なのだ

今回の分権改革が未完だと言われる一つは、交付税配分の仕組みを改める勧告が出来なかったことです。配分機構と配分基準を改めなくてはなりません。複雑な「基準財政需要」というものを作り、次ぎつぎと「補正係数」を継ぎ足す。自治省の人も分からないようなものを作っている。お前たちにはどうせ分からないのだから任せておけというやり方を改めなくてはならない。

人口が減った過疎の町にも畑があり牧場があり山林があります。開発に突進していった今日の日本ではこれらはかけがえのない重要な公共財産です。過疎の山林原野は現在の日本社会では公共価値のある財産です。

今回の衆議院選挙の解説で、新聞は、「都市の有権者が反乱を起こしたんだ」と書きました。すなわち、「都市部の税金を地方へばらまくから都市部で政権党の有力議員が落選したのだ」と。「都市の有権者の反乱なんだ」と解説しました。私は何を言っているのかと思いました。そんな低レベルの話ではない。都市の自立した投票者は税金が意味あるものとして地方で使われるのならば反対しません。ところが、徳山ダムは四十年前の計画を選挙の直前にやると言い出して工事着手金を業者に渡した。明らかな利権運動です。徳島吉野川の可動堰はいらないと住民投票がはっきりと意思表明したにもかかわらず住民投票は誤作動であると言って、工事をやろうとしています。諫早湾を重大な被害を考えずに埋め立てる。長良川河口堰で淡水魚が死んでいるのを平然としている。北海道にもそういう土木工事がある。そういうやり方に対する都市の人達の憤りなんですね。

都市の人々の多くは自身も地方から出てきています。東京に住んでいる人がみんな東京に生まれ東京で育った人ではありません。ほとんどは地方からきた人です。今はここに住んでいるけれども、年金生活になったら地方にかえりたいと思っている人もいっぱいいます。増えていますので、ありますから公共財産である過疎地の農地や山林が豊かであってほしい。それにはその地域に住んでいる方々がいて、山林、田畑が保存されるのだから、その方々には現代日本社会のレベルと同等の生活をしていてほしいと、思っています。

今回の選挙結果は都市の税金を地方に廻したからではない。その使い方が政権党の自己利益であるから批判したのです。集票目当ての使い方であるからです。

今回、都市部で投票された方々は、新聞やテレビの解説者よりもレベルの高い公共感覚を投票で示したのですね。

今の日本では山林や畑を守ることは公共性の高い営為です。そこに人が住んで生業として酪農をやり、小麦を作り、トウモロコシを作っているから自然がある。美瑛町の美しさもそのようなことです。農山漁村があるのはそこで生業をなさっている方がいるからです。人が住んでいるから畑地が生きたものとしてある。ヨーロッパでは「生計補償制度」をやっているじゃないですか。工業文明が進み公共性の感覚は変化し熟成しているんですね。ところが今、目先利害で合併しろと言ってきている。道庁に合併させろと言ってきているのです。

まことにレベルの低いことです。こうなったらやっぱり北海道は本州よさようなら。北海道は独立し国連に直接加盟しようではないかと考えてみる。

北海道の観光はＪＴＢとか、近畿日本ツーリストとかの本州の資本が北海道の観光を席巻し喰いものにしています。函館の温泉街の人が言ってました。二食出してこの金額なんです。だが、客が来なければ困るから結局団体客を受けている。食事の質を落とすと、将来にわたって温泉街の評判が下がるからそれはできない。持ち出しなんですと嘆いていました。

みなさん、東京に行くときはエア・ドウに乗りましょう。北海道の産業を守り北海道の自立を考えなくてはなりません。観光に限らずいろいろ考えることがあります。町村が相互に連携する。その事務局として道庁があっていただきたい。何よりも町村の皆さんが地域の自治を充実させる。必要があれば合併をなさるのもよいのです。問題は地域を住み心地のよい町にしていくことです。それには住民自治が何よりも必要なのだと申し上げたいと思います。

合併に反対していればよいのか

合併しないでいれば、それでまちは良くなるのか。

そんなことではないのです。本気になって徹底的な経費の節約を断行しなければなりません。これまでの役所の仕事をすべて洗い直す。まず第一にやめる仕事と棚上げにする仕事を洗い出す。しかし、それは役所内の職員だけでやったのではダメですね。一番ヤメてよい仕事が残ります。公務員だけでは改革はできません。それこそ「住民との協働」で徹底的な仕事の洗い直しをやることです。長い間にお役所特有のリクツで無用の制度や仕事が堆積しています。道庁のための担当職員や事務事業や経費もあります。それを一つ洗い直して棚上げにする。当初は必要であった仕事も時代の変化で変わっています。そしてまた、役場が「公務としてやるべきことなのか」と総点検して委託や委嘱でやれるものはないかと洗い直す。「経費の節約」が第一です。

第二は、行政スタイルの改革です。行政の文化化です。まず、部外秘でなくて、情報の共有です。たとえば公共土木事業の「予定価格」も公表してみれば、かえって良い結果になったではありませんか。また、実際は「行政第二セクター」である「第3セクター」も、地域の方に全面委嘱すれば質の高い運営になっています。公共施設の運営と管理は公開的・公募的なシステムに改める。それがはるかにレベルの高い施設になる。

お役所的・官庁的な考え方とやり方を徹底的に克服することです。このような住民との協働を実行すれば「無気力とあきらめで合併させられて広がった町村」との差は歴然です。

今なすべきは、合併ではなくて行政文化の改革です。

「合併に反対していればそれで良いのか」との言い方をする人がいます。その人は「何をすべきか」を未来に向って設定することのできない人なんですね。

「現実的判断」というのは、めざすべき方向を見定めて、そこに向かって現実に一歩をふみ出すことなんですね。

ですから合併論議をする前に、あるいは合併是非のシュミレーションづくりの徒労でなくて、「徹底的な節約」と「行政スタイルの改革」と「住民との協働」の実行です。

まずは「小さくともキラリと光るまち」をつくっているところと交流することです。

熱気のある反応をいただきありがとうございました。

このあと会場討論に入ります。

—会場討論は省略—

【資料】

自治振第９５号
平成11年8月6日

各都道府県知事　　様

自治事務次官

市町村の合併の推進についての指針の策定について

21世紀の到来を目前に控え、地方分権の推進、少子・高齢化の進展、国・地方を通じる財政の著しい悪化など、市町村行政を取り巻く情勢は大きく変化しています。こうした中にあって、基礎的地方公共団体として総合的に住民サービスの提供の責務を負う市町村は、その行財政基盤の強化や広域的対応が強く求められており、市町村合併の推進が大きな課題となっています。

このため、国においては、先般、「地方分権の推進を図るための関係法律の整備等に関する法律」(平成11年法律第87号) により「市町村の合併の特例に関する法律」(以下「合併特例法」という。) を改正し、一部の規定を除いて公布の日から即日施行した(「地方分権の推進を図るための関係法律の整備等に関する法律（市町村の合併の特例に関する法律の一部改正関係）等の施行について」(平成11年７月16日自治振第87号各都道府県知事あて自治事務次官通知）参照）ほか、各般の行財政措置を講じ、市町村合併を一層推進することとしています。

市町村合併は、もとより市町村の主体的な取組の下に進められるものですが、同時に、その円滑な推進に当たり、地域の実情を熟知した広域的な地方公共団体である都道府県の果たす役割が重要であります。そこで、平成11年の改正後の合併特例法第16条第１項の規定を踏まえ、別添のとおり「市町村の合併の推進についての指針」を策定し、お示しすることといたしました。各都道府県におかれては、この指針を参酌して、市町村の合併の検討の際の参考や目安となる合併のパターン等を内容とする「市町村の合併の推進についての要綱」を策定し、これに基づき、市町村の合併に向けた取組について積極的な支援に努められるよう要請します。

なお、この趣旨及び別添の指針について、貴都道府県内の市町村に対しても併せて周知されるようお願いします。

（別添）　市町村の合併の推進についての指針

平成１１年８月６日
自　治　省

第１　市町村合併の推進に当たっての基本的考え方

１　市町村合併を推進するための方策

市町村合併は､市町村のあり方に関わる重大な問題であることから、市町村の主体的な取組が必要である。同時に、都道府県は、市町村を包括する広域の普通地方公共団体として、市町村合併を自らの問題と捉えたうえで、積極的に働きかけ、市町村の取組を促すことが期待されるが、これらの都道府県の支援等は、第２に掲げる「市町村の合併の推進についての要綱」(以下「要綱」　という。）を定めて行うことが適切である。その際、都道府県は、市町村が合併を検討する際の参考や目安となるものとして、市町村合併のパターンを作成することとすることが重要である。

市町村及び都道府県は、平成11年の「市町村の合併の特例に関する法律」（以下「合併特例法」という。）の改正後も平成17年３月３１日までの期限は延長されていないことに十分留意し、早急に対応することが求められる。したがって、都道府県が、平成12年中のできるだけ早い時期に要綱を策定し、全国的な取組を一定の期間内に推進することによって、合併の気運の醸成が図られることが望まれる。

２　市町村合併と地域社会との関係

市町村合併には、総合的な地域づくり・まちづくり、住民サービスの維持・向上、行財政の運営の効率化と基盤の強化など、多くの効果が期待されるが、他面で市町村と地域社会との関係について、市町村合併をすれば『住民の顔が見えるぬくもりのある行政』が展開されにくくなるのではないかという懸念も聞かれるところである。しかしながら、合併により市町村の規模が拡大する場合においても、行政が地域に密着した問題を住民の参加や住民との共働の下に解決していくための仕組みを作りあげていくこと等により、住民の帰属意識に基づく地域社会を形成・維持することができるものである。また、市町村の規模の拡大により、行政との距離が遠くなるとの懸念についても、支所、出張所の設置、地域審議会の活用、公共施設等のネットワークの活用など、地域社会の振興に配慮した様々な施策を展開していくことにより克服することができるものである。なお、合併特例法において、市町村議会議員の選挙区を暫定的に設定することができることとされているほか、公職選挙法においても、特に必要があるときは、条例で選挙区を設けることができることとされていることにも留意を要する。

今後の市町村合併においては、合併後の市町村の一体性のみならず、市町村内の各地域のまとまりも重視しながら、社会経済情勢の変化を踏まえた地域社会の振興のための施策を展開し、個性豊かな地域社会の創造を目指すことが重要である。

3　市町村合併と広域行政との関係

市町村行政の広域化の要請に対処して、一部事務組合や広域連合などのような市町村の枠組の変更を伴わない広域行政に関する諸制度を活用した特定の分野における事務の共同処理が既に幅広く行われ、一定の成果もあがっているところであるが、ややもすれば、責任の所在が不明確となりがちであり、また、関係団体との連絡調整に相当程度の時間や労力を要するために迅速・的確な意思決定を行うことができず、事業実施等に支障を生じる場合も見受けられる。したがって、人材を確保し、かつ、地域の課題を総合的に解決する観点からは、市町村合併により、意思決定、事業実施などを単一の地方公共団体が行うことがより効果的である。

もっとも、広域にわたる行政課題に緊急に対応する必要が生じた場合などにおいては、広域行攻制度が活用されることも想定されるが、このような場合において、広域行政の実績を積み重ねることにより、結果的に地域の一体感がさらに醸成され、将来市町村合併を検討するにふさわしい状況がつくりだされ、進んで市町村の合併が検討されることが期待される。

北海道市町村合併推進要綱検討委員会報告書
～市町村の合併の検討及び推進の方向性について～

北海道市町村合併推進要綱検討委員会

2　市町村合併によって期待される効果

市町村の合併によって、行政サービス水準の充実、広域的観点に立った効率的なまちづくり施策の展開、行政の効率化、行政サービス提供基盤の強化、地域のイメージアップと総合的発展など、多くの効果が期待され、例えば、次のようなことが考えられます。

○行政サービスの充実

現在のサービス水準を確保しつつ、サービスの選択の幅が広がり、いろいろなサービスを安定的に受けられるようになること。
・市町村の合併により行財政基盤が強化されると、高齢社会の到来に向けた基盤整備や救急医療体制の強化など、行政サービスの充実が図られること。 ・住宅地が境界を接して隣接しあっているような市町村においては、より適切な学校区を設定することによって、通学時間が短縮されるなど、教育環境が向上すること。 ・図書館や保健福祉センター、保育所など、利用が制限されていた他の市町村の公共施設か利用可能となり、利用しやすい施設を選択できるようになること。 ・合併で中核市、特例市、市となることによって、国、道からの権限が移譲され、許認可、届出などの事務を処理することに伴い、住民の利便性が向上するとともに、行政サービスの迅速化が図られること。

○広域的観点に立った効率的なまちづくり施策の展開

広域的な観点からのまちづくりの展開、重点的な投資による基盤整備の推進、環境問題、観光振興など、広域的な調整が必要な施策の展開などが可能となること。

・広域的観点からの公共施設の配置が可能となり、スポーツ施設、文化施設などの公共施設が効率的に配置され、地域での類似施設の重複投資が抑制されること。

・行政区域が広がることにより、道路の機能的な整備や公共施設の適正配置、住宅や産業立地などにおける土地利用の適正化や地域の個性を活かしたゾーニングなど、計画的なまちづくりがより効果的に実施されること。

・環境対策や水資源対策、観光振興など、広域的な調整や取り組みを必要とする課題に関する施策を効果的に展開できること。

○行政の効率化、行政サービス提供基盤の強化

行政の効率化を図ることにより、新たな行政サービスやより高い水準の行政サービスの提供が可能になること。

・総務、企画などの管理部門の効率化を図り、サービス提供や事業実施を直接担当する部門の充実を図ることができるとともに、職員数を全体的に少なくすることにより財政負担の軽減が図られること。

・法制、都市計画、国際化、情報化、男女共同参画社会の形成に関する施策などの専任の組織や職員を配置することが可能となり、時代に即応した行政施策の展開が図られ行政サービスの質が向上すること。

・従来、小規模市町村で確保することが比較的困難であった社会福祉士

や保健婦、土木技師、建築技師などの専門職を確保しやすくなり、専門的で高度な行政サービスを提供できるようになること。

・新たな行政体制となることによって、それぞれに必要であった行政組織等が一元　化され、固定的な行政経費が減少すること。

○地域のイメージアップと総合的発展

新しい市町村の誕生は、個性あるまちづくりや地域の発展の可能性に結びつき、活力に満ちた地域社会の実現に寄与すること。

・市町村の合併によって、新しい時代に対応したまちづくりに取り組む姿勢が対外的にアピールされることから、新しい市町村の誕生が地域の存在感とイメージアップにつながり、人や産業の集積と交流を促進するなど、地域の総合的発展につながること。

・中核市、特例市、市となることによって、国、道からの権限が移譲され、市町村段階で処理する事務が増え、より総合的な行政の展開が可能となり、住民サービスの向上が図られること。

3　市町村合併に際して懸念される事項及びその対応方向

市町村の合併は、複数のまちが一つのまちになることから、様々な組織や制度が統一され、行政効率の向上を図る中で懸念される事項が生ずることがあります。合併にあたって、一般的に懸念される事項とこれらへの対応方向は、次のとおりです。

なお、合併の効果や懸念される事項については、総合的に分析、研究するとともに、懸念される事項の影響を最小限に止めるよう対応していくことが必要です。

懸念事項　ぬくもりのある行政の確保
人口が少ない市町村においては、一人ひとりの顔が見える中でぬくもりのある行政が行われているとされ、こうした行政が、市町村の合併によって実施できなくなるのではないか。
対応方向　住民の参加と住民・行政の協働
・合併により、市町村の規模が拡大することとなった場合においても、防災や在宅福祉、ごみ処理などの地域に密着した問題を住民の参加と住民・行政の協働のもとに解決し施策を展開していくことにより、住民に連帯意識が生まれることが期待されます。 また、このような住民と行政の協働をとおして、住民と行政との間に新しい信頼関係が生まれ、地域社会の活性化を図ることができます。

懸念事項　住民ニーズに対応した行政サービスの確保
市町村の合併により、行政サイドと住民との関係が遠くなり、行政施策に住民の意向が十分反映されなくなるとともに、一部の施策分野においては、地域ごとのきめ細かな施策が実施しにくくなること。

対応方向　行政サービス提供体制の整備
・市町村合併特例法の改正により、合併後においても地域住民の声を行政施策に反映させるために、合併前の市町村の区域を単位として地域審議会を置くことができます。 この制度を有効に活用することによって、行政運営に地域の意見を反映させ、地域間格差の解消を図っていくとともに、行政を身近な存在として維持し、地域住民と行政が一体となったまちづくりを進めていくことができます。 ・旧庁舎を支所や出張所として設置し、住民生活に密着した窓口業務や高齢化社会に対応した福祉サービス、急を要する防災対策などの業務を行うことによって、従来の行政サービスを低下させることなく住民の利便性を確保することができます。 ・地域の交通体系の整備やコンピュータなど情報通信機器を活用することにより、地域の実情に応じた行政サービス水準を維持、充実させることができます。 ・住民意見を行政施策に十分反映させるために、支所や出張所における行政相談窓口の設置、地域住民との懇談会の充実などによって対応していくことができます。

懸念事項　合併市町村における中心部と周辺部等の地域格差の発生
合併によって、まちの中心部に公共施設などが集中して整備され、周辺部における行政サービスが低下し、生活上の利便性が失われること。
対応方向　地域社会の展望と一体的整備
・合併市町村が将来めざす姿を描き、マスタープランとしての役割を果た

す市町村建設計画を住民とも十分な議論を重ねて策定することによって、合併市町村の均衡ある発展と一体性の速やかな確立、住民の福祉の向上、地域相互間の役割に応じた発展を図るよう配慮することができます。また、市町村建設計画の推進にあたり、地域審議会を活用することにより、各地域の課題や活性化に向けた方策などを着実に推進し、地域間格差を縮小していくことができるものと考えられます。

・市町村建設計画に基づく事業については、市町村財政に負担の少ない合併特例債を充てることにより、一体性の速やかな確立や均衡ある発展のための公共施設の整備事業を迅速に進めることができます。

懸念事項　　培われてきた風土や郷土文化の存続

合併によって、長い歴史の中で培ってきたそれぞれの市町村における独自の風土や気質、郷土文化、郷土への愛着心が安易に忘れ去られたり、存続していくことが難しくなるのではないかという不安が生じること。

対応方向　　旧市町村単位における風土や郷土文化の尊重

・地域の一体感を形成してきたイベントや祭りの継続実施、各地域における愛着のある施設や伝統的施設の保存や活用、地名の存続、あるいは、郷土文化の保存や伝承によって、これまで培われてきた風土や郷土文化を存続することができます。

・地域住民の連帯の強化・旧市町村の区域の地域振興等のための基金を設置し、運用することができます。これは、将来にわたって、地域のアイデンティティを守っていくという姿勢を地域住民に示すことにもつながり、それぞれの地域の風土や郷土文化の存続への不安を解消する手だてとなります。

（北海道町村会）

合併要綱案に対する意見書を知事に提出

道町村会は、六月六日正副会長会議を開き、先に開催した地区町村会長会議等での「合併推進要綱案」に対する意見を取りまとめ、道に提出した。

意見書＝左頁囲み＝は、佐々木会長をはじめ大澤、加賀谷両副会長が、道庁を訪れ、真田副知事に手渡した。佐々木会長は、「北海道の特殊性を考慮し、自治省の基準に盲従せず面積要素にも着目した北海道スタンダードにふさわしい要綱を作成してほしい」と訴えた。

「要綱」（案）の取り扱いについて道に要望

道町村会は六月十五日、会長名で道に対し、「要綱」（案）の今後の取り扱いについて次のとおり要望した。

（一）要綱（案）は町村の意見を十分聞いた上で決定すること。そのため、支庁単位に市町村長の意見を聞く機会を作ること。

（二）合併パターンを一案しか示していないところについては、結果的に押しつけとなりかねないので、一町村について複数の合併パターンを示すこと。

要綱案に対する意見書
（北海道町村会）

1　二月二十三日付けの意見書で要望したとおり、市町村合併は住民自治が十分に機能し得る範囲で、かつ住民に対する公共サービスが低下しないことを基本にすすめられるべきであり、合併後の市町村の面積は、「全ての住民が概ね一時間で役場に到達可能な範囲」（直径四十キロ圏）とすることが望ましい

2　従って、このたびの要綱案で示された合併パターンの中に、直径四十キロ圏（千二百五十平方キロ）を越えるパターンが全体の半分を占め、しかも「県」の面積を上回るものが十三パターンにも及んでいることは、基礎自治体としての市町村のあり方から考えて適当とは思われない。

3　北海道では、市町村の面積が全国平均の三・四倍に達するという特殊性を考慮し、全国一律の自治省基準に盲従せずに、「面積要素」にも着目した、「北海道スタンダード」にふさわしい合併推進要綱を作成すべきである。

4　自治事務次官通知（「合併指針」）が示している「基幹的な行政サービスを適切、効率的に提供するためには少なくとも一万人程度の人口規模が必要」とする基準に沿って合併パターンを検討することについては一応理解できるが、この基準を満たしている地域については、敢えて、面積要素を無視してまで「大規模市町村」を目指す必要はないものと考えられるので、「白地地域」として残すべきである。

5　このたびの要綱案には、「檜山②」など地域生活圏に実態に合っていない合併パターンも含まれているので、合併推進要綱（案）については支庁を通して市町村の意見を十分に聞いた上で決定すべきである。

6　自治事務次官通知は、合併推進要綱を「平成十二年中のできるだけ早い時期に策定」するよう求めているが、現在、全国的に六県で要綱が策定されたばかりであり、十分に時間をかけて検討を重ねたうえで、年内に要綱を決定すべきものと考える。

（本稿は、二〇〇〇年七月二九日、北海道大学法学部八番教室で開催された地方自治土曜講座での講義記録に一部補筆したものです。）

著者紹介

森　啓（もり・けい）

一九三五年生まれ。

北海学園大学法学部教授。（自治体政策学）

一九六〇年、中央大学法学部卒業。神奈川県庁に入庁、文化室主幹、自治総合研究センター研究部長、埋蔵文化財センター所長、一九九三年、北海道大学法学部教授、一九九八年より現職。

主な著書に『文化行政とまちづくり』（一九八三年、時事通信社、共編著）、『文化ホールがまちをつくる』（一九九一年、学陽書房、編著）、『自治体の政策研究』（一九九二年、公人の友社）など。

刊行のことば

「時代の転換期には学習熱が大いに高まる」といわれています。今から百年前、自由民権運動の時代、福島県の石陽館など全国各地にいわゆる学習結社がつくられ、国会開設運動へと向かう時代の大きな流れを形成しました。学習を通じて若者が既成のものの考え方やパラダイムを疑い、革新することで時代の転換が進んだのです。

そして今、全国各地の地域、自治体で、心の奥深いところから、何か勉強しなければならない、勉強する必要があるという意識が高まってきています。

北海道の百八十の町村、過疎が非常に進行していく町村の方々が、とかく絶望的になりがちな中で、自分たちの未来を見据えて、自分たちの町をどうつくり上げていくかを学ぼうと、この「地方自治土曜講座」を企画いたしました。

この講座は、当初の予想を大幅に超える三百数十名の自治体職員等が参加するという、学習への熱気の中で開かれています。この企画が自治体職員の心にこだまし、これだけの参加になった。これは、事件ではないか、時代の大きな改革の兆しが現実となりはじめた象徴的な出来事ではないかと思われます。

現在の日本国憲法は、自治体をローカル・ガバメントと規定しています。しかし、この五十年間、明治の時代と同じように行政システムや財政の流れは、中央に権力、権限を集中し、都道府県を通じて地方を支配、指導するという流れが続いておりました。まさに「憲法は変われど、行政の流れ変わらず」でした。しかし、今、時代は大きく転換しつつあります。そして時代転換を支える新しい理論、新しい「政府」概念、従来の中央、地方に替わる新しい政府間関係理論の構築が求められています。

この講座は知識を講師から習得する場ではありません。ものの見方、考え方を自分なりに受け止めてもらう。そして是非、自分自身で地域再生の自治体理論を獲得していただく、そのような機会になれば大変有り難いと思っています。

「地方自治土曜講座」実行委員長
北海道大学法学部教授　森　啓

（一九九五年六月三日「地方自治土曜講座」開講挨拶より）

地方自治土曜講座ブックレットNo. 65
町村合併は住民自治の区域の変更である。

２００１年3月１０日　初版発行　　　定価（本体８００円＋税）
２００２年7月　５日　初版第３刷発行

著　者　　森　　啓
企　画　　北海道町村会企画調査部
発行人　　武内　英晴
発行所　　公人の友社
〒112-0002　東京都文京区小石川５－２６－８
ＴＥＬ０３－３８１１－５７０１
ＦＡＸ０３－３８１１－５７９５
振替　００１４０－９－３７７７３

「地方自治土曜講座ブックレット」（平成７年度～11年度）

	書名	著者	本体価格
	《平成7年度》		
1	現代自治の条件と課題	神原　勝	九〇〇円
2	自治体の政策研究	森　啓	六〇〇円
3	現代政治と地方分権	山口　二郎	（品切れ）
4	行政手続と市民参加	畠山　武道	（品切れ）
5	成熟型社会の地方自治像	間島　正秀	五〇〇円
6	自治体法務とは何か	木佐　茂男	六〇〇円
7	自治と参加　アメリカの事例から	佐藤　克廣	（品切れ）
8	政策開発の現場から	小林　勝彦 大石　和也 川村　喜芳	（品切れ）
	《平成8年度》		
9	まちづくり・国づくり	五十嵐広三 西尾　六七	五〇〇円
10	自治体デモクラシーと政策形成	山口　二郎	五〇〇円
11	自治体理論とは何か	森　啓	六〇〇円
12	池田サマーセミナーから	間島　正秀 福士　明 田口　晃	五〇〇円
13	憲法と地方自治	中村　睦男 佐藤　克廣	五〇〇円
14	まちづくりの現場から	斎藤　外一 宮嶋　望	五〇〇円
15	環境問題と当事者	畠山　武道 相内　俊一	五〇〇円
16	情報化時代とまちづくり	千葉　純 笹谷　幸一	（品切れ）
17	市民自治の制度開発	神原　勝	五〇〇円
	《平成9年度》		
18	行政の文化化	森　啓	六〇〇円
19	政策法学と条例	阿倍　泰隆	六〇〇円
20	政策法務と自治体	岡田　行雄	六〇〇円
21	分権時代の自治体経営	北　良治 佐藤　克廣 大久保尚孝	六〇〇円
22	地方分権推進委員会勧告と　これからの地方自治	西尾　勝	五〇〇円
23	産業廃棄物と法	畠山　武道	六〇〇円
25	自治体の施策原価と事業別予算	小口　進一	六〇〇円
26	地方分権と地方財政	横山　純一	六〇〇円
27	比較してみる地方自治	田口　晃 山口　二郎	六〇〇円

「地方自治土曜講座ブックレット」（平成７年度〜11年度）

	書名	著者	本体価格
	《平成10年度》		
28	議会改革とまちづくり	森　啓	四〇〇円
29	自治の課題とこれから	逢坂　誠二	四〇〇円
30	内発的発展による地域産業の振興	保母　武彦	六〇〇円
31	地域の産業をどう育てるか	金井　一頼	六〇〇円
32	金融改革と地方自治体	宮脇　淳	六〇〇円
33	ローカルデモクラシーの統治能力	山口　二郎	四〇〇円
34	政策立案過程への「戦略計画」手法の導入	佐藤　克廣	五〇〇円
35	'98サマーセミナーから「変革の時」の自治を考える	神原　昭子 磯田　憲一 大和田建太郎	六〇〇円
36	地方自治のシステム改革	辻山　幸宣	四〇〇円
37	分権時代の政策法務	礒崎　初仁	六〇〇円
38	地方分権と法解釈の自治	兼子　仁	四〇〇円
39	市民的自治思想の基礎	今井　弘道	五〇〇円
40	自治基本条例への展望	辻道　雅宣	五〇〇円
41	少子高齢社会と自治体の福祉法務	加藤　良重	四〇〇円
	《平成11年度》		
42	改革の主体は現場にあり	山田孝夫	九〇〇円
43	自治と分権の政治学	鳴海正泰	一、一〇〇円
44	公共政策と住民参加	宮本憲一	一、一〇〇円
45	農業を基軸としたまちづくり	小林康雄	八〇〇円
46	これからの北海道農業とまちづくり	篠田久雄	八〇〇円
47	自治の中に自治を求めて	佐藤　守	一、〇〇〇円
48	介護保険は何を変えるのか	池田省三	一、一〇〇円
49	介護保険と広域連合	大西幸雄	一、〇〇〇円
50	自治体職員の政策水準	森　啓	一、一〇〇円
51	分権型社会と条例づくり	篠原　一	一、〇〇〇円
52	自治体における政策評価の課題	佐藤克廣	一、〇〇〇円
53	小さな町の議員と自治体	室崎正之	九〇〇円
54	地方自治を実現するために法が果たすべきこと	木佐茂男	［未刊］
55	改正地方自治法とアカウンタビリティ	鈴木庸夫	一、二〇〇円
56	財政運営と公会計制度	宮脇　淳	一、一〇〇円
57	自治体職員の意識改革を如何にして進めるか	林　嘉男	一、〇〇〇円